Work from Home: A COLORING AND ACTIVITY BOOK FOR GROWN-UPS

IT'S 5 PM!

LOL AS YOU WFH

IMPORTANT SELFCARE TIME!!

DO THE DISHES

A GIFT FOR

_____

FROM: _____

DATE: _____

Published by Harper Celebrate, an imprint of HarperCollins Focus LLC.

Written by Patrick Lehe

Cover and interior illustrations by Lucía Gómez Alcaidez (Lucía Types)

Any internet addresses (websites, blogs, etc.) in this book are offered as a resource. They are not intended in any way to be or imply an endorsement by HarperCollins Focus LLC, nor does HarperCollins Focus LLC vouch for the content of these sites for the life of this book.
ISBN 978-14002-4406-5 (TP)

Printed in India
23 24 25 26 27   REP   10 9 8 7 6 5 4 3 2 1

This very serious coloring book for very serious grown-ups is dedicated to all the work-from-home heroes. You know who you are.

THE SUNDAY SCARIES

Friday hits and all you want to do is _____ your work computer
(verb)
into oblivion. The clock strikes quitting time and you pour a
_____ glass of _____. The end of your _____
(adjective) (liquid) (adjective)
workweek has finally arrived. It's the _____ weekend, baby, and
(adjective)
the world is your _____!
(noun)

Next comes Saturday night; it's just you and your _____. So
(noun)
slip on those _____ and get ready to _____ the town.
(clothing items) (verb)
Nothing can _____ you.
(verb)

And then Sunday hits. The panic _____ sets in ever so nicely.
(noun)
It's 5:00 p.m. and you're already dreading tomorrow's Monday
_____ meeting. At least you'll sleep like a _____ because you
(noun) (noun)
_____ this weekend to its fullest. Until next time, _____!
(verb, past tense) (noun, plural)

8

MADE IT TO THE OFFICE JUST IN TIME.

TITLES FOR YOUR WORK-FROM-HOME MEMOIR

```
B A X N E V E R N O T C A F F E I N A T E D B T O
Q I S J L O Z W P V N S I C P L Z W K R L M Y H Q
Y O N B T H E Y X U B T J K M A C B Z J E Y S O Y
B S U G I V O D T W N R E B T J O U C B F W N M B
H Y Z T E O R E B S H A U Z Y I N N E W O T N E R
M O W N T B Z V P A B N I N G A F U Q G E K Y I M
T J N C Y B O E I P Y D N T S N E T W A G H O S J
A C Y V I A P S T S N E U B R U S A P B T W F W X
Y D J W T N U X S I O D L K N J S P W Q A V C H E
Z N F O T H E L I Q U O R E D L I V E R E T N E H
G D V P F B H I M N R N U O Y S O Y I B D A B R S
S V T A Y V R V D Q T S V Q D I N U B G R F N E E
W V Z N O I U B R W D T U O B R S Y T N C O Y H L
V T B I Y V A S V U T A Q R E B O X R B Y U M U P
G H U C S V W U B E R Y W A V S F T B E N O I M A
X E Q A W N Y T U E B C D T E O A W R B I V M A T
T B N T I R O E B S R A E V W N P N E B C O E N S
U Q M T W I Y R W E B T Y V T B O U D B I G M R A
G R H A W H M W C W H I S N J M D S R I S U Y E T
W Y B C T Y W O J U G O F R Q G C D A O M B M S T
I O E K E V X Q B R T N N M L R A U O D S Y B O U
N Y Q A J N I N P A N K R O W U S X H U U M M U O
V R B D E V Q N R P F L E W V S T I Y U R N X R T
T B L D M Y C O U C H C O M A O S U B I V N J C H
B E W I F G W V H L K R R T Y I N O B R I Y Z E G
A V Y C Q B T B W P N Y E S T B O E O B V E V S I
V T M T S R B T Y E B L M T E V B Y H I O M R I A
I U Z P A E Y B J T C R Q A R N B P E U R B L S R
A B U S I N E S S I N B E D A V I O H W T B D X T
Q S X J O I R M Y J N V A C Q W R Y T E S M N B S
```

Stranded on Staycation

My Couch Coma

Cynicism Survivor

The Liquored Liver

Binge Boss

Business in Bed

Home Is Where Human
Resources Is

Panic Attack Addict

Never Not Caffeinated

Confessions of a Podcast Snob

The Hobby Hoarder

Work Nap Ninja

Straight Outta Staples

ANYONE ELSE FEEL LIKE their life IS A SIMS GAME?

Draw what's inside your head
at 5:00 p.m. on a Friday.

CAROL "ACCIDENTALLY" SHARED THE SCREEN FOR HER ETSY SHOP AGAIN.

Front Porch Frosé

YOU'LL NEED:

1 bottle dark rosé

2 cups frozen strawberries

1 cup frozen watermelon (optional)

2 ounces lime juice

1 to 3 tablespoons agave syrup (depending on desired level of sweetness)

DIRECTIONS:

To drown out the voices, blend all ingredients together, then enjoy a glass in the sun!

THE AT-HOME WORKOUTS YOU WOULD DO IF YOU FELT LIKE IT

ACROSS CLUES

1. Arm drops from furniture you sit on

4. Frozen-in-time push ups

8. Combination exercise/belch

11. Repetitive pushing

12. Hit things with fists

14. Exercise for the guns

15. Legs up, upside down

DOWN CLUES

2. Pretend sit

3. Unrestrained yelling

5. Used in massage or to build a fire

6. Forget the alarm, "I am . . ."

7. Bed disagreements

9. Mascara running tears

10. Deep knee, long leg stretches

13. Compressed sit ups

ANSWERS: (Across) 1. ChairDips, 4. Planks, 8. Burpees, 11. PushUps, 12. PunchingStuff,14. BicepCurls, 15. Handstands (Down) 2. AirSquats, 3. HystericalScreaming, 5. Woodchops, 6. SleepingIn, 7. PillowFights, 9. UglyCrying, 10. Lunges, 13. Crunches

THINGS HAVE GOTTEN KIND OF WEIRD WITH MY CAT
SINCE I STARTED WORKING FROM HOME.

WHAT IS YOUR FRIENDS "HANGRY" ALTER EGO?

FILL IN THE NAMES BELOW FOR EACH FRIEND'S HANGRY NAME

	FRIEND'S FIRST NAME	FIRST PET'S NAME	MOTHER'S MAIDEN NAME
1.			
2.			
3.			
4.			
5.			
6.			
7.			
8.			
9.			
10.			

I GUESS TRAFFIC ISN'T AN EXCUSE FOR MY TARDINESS ANYMORE.

A LETTER TO MY WORK CRUSH

Dear _____,
(person's name)

    I have stared at your _____ on my computer for many months
(facial feature)

now. When you were first hired as the vice _____ of _____,
(noun) (verb ending in -ing)

I immediately knew that you were destined to be my work husband/

wife. Though we have never met in real life, my _____ for you is
(noun)

undying. I love watching when you're _____ focused on your work.
(adverb)

Your intense _____ lights up our virtual workspace. When you
(noun)

_____ into my _____, I imagine our life together outside of
(verb) (noun)

this _____ digital existence. Until then, my sweet prince(ss).
(adjective)

        Love,

        (your name)

IF YOU COULD ESCAPE TO A PRIVATE ISLAND RIGHT NOW, WHAT TEN ITEMS WOULD YOU TAKE WITH YOU?

1. _____

2. _____

3. _____

4. _____

5. _____

6. _____

7. _____

8. _____

9. _____

10. _____

Imagine your camera was on selfie mode while
you were snacking on your favorite comfort foods.
Draw in the details of what that would look like.

EXCUSES TO GET OUT OF PLANS

Let's face it. As much as I complain about working from home, I secretly love sitting on my _____ all day. Unfortunately, Tina
(body part)
from human resources has insisted on hosting a forced-fun work dinner at _____. I reluctantly agreed, but now that the day
(chain restaurant)
has arrived, I'm _____. I'd rather _____ on a bunch of sharp
(adjective) (verb)
rocks than go to this _____ party. What shall I say? "I'm so sorry,
(adjective)
my _____ died and I'm distraught." Or "My neighbor had a/an
(noun)
_____ attack and I had to call the _____!" Or my all-time
(adjective) (noun)
favorite, "Totally forgot I have a/an _____ appointment, can
(adjective)
I take a rain check?" And then it's off to binge my favorite TV
_____ and snuggle with _____, my _____.
(noun, plural) (pet name) (noun)

MOMMY'S MOSCOW MULE

YOU'LL NEED:

Copper mug (preferably monogrammed with "This may or may not contain coffee")

1 cup ice

1 1/2 ounces vodka

4 to 6 ounces ginger beer

Lime slice

DIRECTIONS:

Add ice to mug. Pour vodka and ginger beer over ice. Garnish with lime slice. Enjoy!

Never forget: Somewhere out there,
a twelve-year-old with a smartphone
is making ten times your salary
in thirty seconds.

DISCOVERING MY DOG'S DAILY ROUTINE

Before _____ from home 24/7, I always assumed my dog just
(verb ending in -ing)

_____ all day. But now I'm getting suspicious of his behavior. I
(verb, past tense)

swear I saw him _____ in the _____. Initially, I didn't think
(verb ending in -ing)   (room in house)

much of it. But then, he flung his _____ at me when he thought I
(noun)

wasn't looking! This was getting out of hand. I thought I was losing

my _____. Finally, I caught him mixing _____ in the kitchen!
(noun, plural)   (noun, plural)

He served up two cold _____ cocktails and stared at me like I
(liquid)

was _____. I knew I loved my dog.
(adjective)

I NOW CONDUCT *Work calls* FROM THE CAR BECAUSE MY KIDS HAVE TAKEN OVER THE OFFICE.

MAKE A TO-DO LIST OF ALL THE BUSY WORK YOU CAN DO IN YOUR HOUSE TO DISTRACT YOURSELF FROM WORKING!

_____

_____

_____

_____

_____

_____

_____

_____

THAT FEELING WHEN YOU'VE MISJUDGED THE LEVEL OF EMOTIONAL
INTIMACY YOU HAVE WITH YOUR DELIVERY DRIVER.

THE MOST ANNOYINGLY SPELLED KIDS' NAMES YOUR CLASSMATES FROM HIGH SCHOOL HAVE GIVEN TO THEIR CHILDREN

```
J L O A N B R N F X C Z H I N J G K Z W I D B M K
N M E Q T N Z R G Z N X W O B H E B V J H F B N O
E J V I S Y W P W W O M G T M A D D Y X S N J Q I
V R K Y V B X L H K V B K S Y G B S W K B S K B N
B C B H F S B R D J Y P J K H R T J A I Z J Z W C
Q H M Y S T T J E H M Q D J N Q A T I D E N N E K
Z W Q B I H Y T U G B A E R K T V S C M K T A T B
U G C R M E C A B A Y B I M P Y X O G F J C N N F
I S Z Q L W Y B R M R N N O C J Z S R Q S B K O K
P J N N V M U T Y K H A M B W A A T B K I P T M S
I Z E U S N M O X I T I A H A X E R T D O E H I T
N R U D A T Q S J U V W C E Z C T B S L N P G A X
W X O J F E P W K Z H N I A X Y R Z K P R I F T M
B W S Y G N E K L M W M S U N N L V Z K H N D P
G R A Y C Y N N W A P U T K I A J J W N M B O A C
E Y Y A U C R J V W L K J L B M K T V A C P X K N
I V E N S D N E S I J W C P R L W M I J J T Z B P
P S J W X J W Y H Z B J E I S A L N O R Y W B S W
O K S H U E M A T Y F R G E H K C T W N K O Y I E
W Y N T E R C M O A W I A S G M B X C S X M N W V
C J B Y N T K I N K I Y N Y K W H Z P T V I D L Z
S F U J M I Y S K C N W S I L Y D C J W B C P K A
Q A I H W X N M U N D P W N W E V K Y N O B C H N
T Q A E O Y L Y I W C B I B X S I J E Q K V T R L
C R F A I W E O W U B N T S I T O G U T R U D P Y
I E W P M M I Q K M M H V O A N M I H Z I E L O X
Y V B Z D H G R E A R Y S C B W S R J W X N P W A
N I U I C T H U T S I T N O S Y A P I R W A O M E
M R Y D P R X G H E M Z A T R T J K O X S V F T U
K O D K Q W R Q A T O K I N Y N R Y L E I G H V I
```

- Ryleigh
- McKynleigh
- Wrenley
- Jaxcyn
- Paxtyn
- Payson
- Maddyx
- Graycynn
- Novymbyr
- Brayleigh
- Kennedi
- Kruz
- Wynter
- Axyl

Draw the movie poster of your very own action-packed biopic.

WHEN MOM COMES TO VISIT.

IF I WENT TO HUMAN RESOURCES ABOUT MY REAL COMPLAINTS

If I have to listen to _____ eat their lunch one more time,
(coworker's name)

I'm going to _____. Have they never heard of the Mute
(verb)

button? Speaking of _____ habits, could someone please tell
(adjective)

_____ that we'd all appreciate it if they would point the
(another coworker's name)

webcam upward? Nobody needs to see that much _____ chest
(adjective)

hair. Oh, and one more thing! What's the deal with _____'s
(another coworker's name)

creepy porcelain doll collection? Every time we have a _____
(department)

meeting, it's like their weird little _____ are reaching for me
(body parts)

through the screen. I thought some distance from my colleagues

would make us all _____, but it seems we know more about one
(adjective)

another than ever before.

MY BOSS KEEPS COMPLAINING ABOUT A WORK SHORTAGE. I'VE NEVER HEARD OF THAT BUT I'll *Take One* ♡PLEASE♡

Daddy's No-Worries Water (Hot Toddy)

YOU'LL NEED:

1 ounce rye whiskey

1 ounce cinnamon whiskey

3/4 ounce fresh-squeezed lemon juice

1/4 ounce honey

Hot water to top off

Orange slice and cinnamon stick to garnish.

DIRECTIONS:

Mix the rye, cinnamon whiskey, lemon juice, and honey in a mug. Add hot water, garnish with orange and cinnamon, and then enjoy away from the computer monitor.

I HAVE NOW DIAGNOSED MYSELF WITH NO LESS THAN SIX DEADLY ILLNESSES.

Whoops! You left your webcam on during
the Monday morning all-staff meeting.
Draw what it caught you doing!

How many new words or phrases can you make using the letters of
SOMEBODY'S GOT A CASE OF THE MONDAYS?

_____

_____

_____

_____

_____

_____

_____

_____

_____

SPECIAL SKILLS: PROFICIENT IN MULTITASKING.

MY SHORT-LIVED HOBBIES

With no more _____ commute, I knew I'd have way more
　　　　　　　　(adjective   )

_____ on my hands. I don't love _____ much, but I do
(noun   )　　　　　　　　　　　　(verb ending in -ing)

love the _____. So I took up _____! It didn't last long.
　　　　(room in house   )　　　　　　(verb ending in -ing)

By day three, I had _____ all of my pots and pans! Day five,
　　　　　　　　　(verb, past tense   )

I read about _____ candle-making. I bought all the _____
　　　　　(adjective   )　　　　　　　　　　　(noun, plural   )

and mixed them up! But honestly, it made my _____ smell like
　　　　　　　　　　　　　　　　　　　　　　(noun   )

_____. I think it's time to _____ in the towel. I think I'll stick
(noun   )　　　　　　　(verb   )

to _____ with all my _____ friends.
(verb ending in -ing)　　　　(adjective   )

WAYS TO FIND PEACE IN YOUR HOUSE OF HEATHENS

```
Z F C V D N B T Q O C K N R S M A O V Z B W V Y O
F J N P O O M D A S U B W V B U N S B W U I N Q N
C M U L T I P L E W I N E B O T T L E S R D O A L
H I A V B S O E B R O V W M U E R N M E Y N P T I
S R E A D E N C Y C L O P E D I A T B J F Q E M N
O N V N A C P O T E V W M S Q W B P M W A O B R E
U T P Y P A N G S T R A F B R H Y K W Q C K U I S
N V B T V N J H X I R H B O T M J R E N E T H X H
D Q X S D C M B D E N W C Y J N T U N G I R M E O
P N Q N B E Y T D G B G J E W R J W O X N I H W P
R P I U Y L D V F Y A R I Y O S D E V W P E B R P
O B G Q J I O R G E V G W N N G B H R E I G H J I
O D V A K N W Z V Y A V R I T B Q G V W L B W B N
F Y A B D G P O W T U N A X B H W N C P L E V I G
B G U E V H V I F G A T B R Y Z E I N M O P B A S
A W N G O E Q W F O R B T S B E R S O B W V W E P
T X M L E A R C X U W R B N W T U N H T S E J K R
H I P Q W D N W C G T F B W O R V W V O E T Q I E
R O I B X P Q T S P Q T P C Q V R T N I W D W B E
O A P P A H U N O A P W O V W Y B H S Y I E P E H
O C W T N O I T K E A B Q N P U V N Z U I X R P A
M K Z M K N J E T P B W I M T N J Y I A B T I J K
B W B C F E D B N S N E B P O W V M A T H K I V H
A V A M U S L E E P Y T I M E T E A V E S R O A K
L L V T R B T W N G R E B I A R T V I M W B S Z E
B B E C F W Y J R N T N S U W B D H P E I H C O I
K P J M E D I T A T I O N P O D C A S T X H K R S
W R V Z A R H W P O D R H U B D Y S B Q B V R P D
S U B M E R G E H E A D I N T U B F N J S Y S A Q
Z B C T A U S N M J G S X D R S K O O B O I D U A
```

- Noise canceling headphones
- Meditation podcast
- Sing in the shower
- Bury face in pillows
- Read encyclopedia
- Audiobooks
- Sleepytime tea
- Multiple wine bottles
- Online shopping spree
- Blackout curtains
- Soundproof bathroom
- Submerge head in tub

WHEN YOU REALIZE YOU CAN'T REMEMBER THE LAST TIME YOU WORE PANTS WITH A BUTTON.

You've hit a midlife crisis, so you set an "away" message on your email and got this tattoo on your lunch break. Draw, trace, or describe it.

ALL THE PLACES YOU'VE VISITED VIA YOUR COMPUTER-DESKTOP BACKGROUND

ACROSS CLUES

2. Tolkien's favorite vacation destination (2 words)

4. Home to the flightless kiwi bird (2 words)

5. You'll have to go through the wardrobe to get here

6. Resort town on Mexico's Pacific Coast (2 words)

9. Where Harry studied wizardry (2 words)

10. The Seven Kingdoms battled over in A Song of Ice and Fire

12. Remote volcanic island in Polynesia (2 words)

13. Vast area that is home to many cities on the ancient Silk Road (2 words)

DOWN CLUES

1. Popular U.S. destination for snow skiing

3. Archipelago in Ecuador (2 words)

7. Island in the center of the Mediterranean Sea

8. Mountain of great Biblical importance (2 words)

11. Home to Utah's idyllic arches

ANSWERS: (Across) 2. MiddleEarth, 4. NewZealand, 5. Narnia, 6. PuertoVallarta, 9. HogwartsSchool, 10. Westeros, 12. EasterIsland, 13. GobiDesert (Down) 1. Telluride, 3. GalapagosIslands, 7. Malta, 8. MountZion, 11. Moab

I WILL GLADLY GO BACK TO THE OFFICE IF IT MEANS I CAN PERCEIVE TIME AGAIN.

Illustrate the cover of the memoir
you wrote during lockdown.

GETTING DRESSED TODAY WILL HIGHLY DEPEND ON WHETHER VIDEO IS Required FOR THIS MEETING.

How many new words or phrases can you make using the letters of
I HOPE THIS EMAIL FINDS YOU WELL.

_____

_____

_____

_____

_____

_____

_____

_____

SORRY I'M LATE, THE COMMUTE FROM HORIZONTAL TO VERTICAL WAS ROUGH TODAY.

TALKING TO MYSELF OUT LOUD

It's been many _____ since my boss said we could _____ from
          (noun, plural)   (verb   )

home permanently. Heck yes! Who wouldn't want to _____ out
                                                    (verb   )

of bed without a care, log in to the _____ and _____ through
                                       (noun)   (verb)

the day without twenty minutes of water-cooler _____ every
                                                  (verb)

hour? Soon, my lack of _____ workday interaction was too real.
                         (adjective)

I actually began to miss the _____ scent of _____'s perfume.
                               (adjective)   (coworker's name)

I even found myself trying to remember the _____ sound of
                                              (adjective)

_____'s maniacal laughter. Sigh. What I wouldn't give for one
(coworker's name)

of those _____ _____ from the breakroom right now.
           (adjective) (snack, plural)

Jacuzzi Spa Day

YOU'LL NEED:

1 ounce gin

1 12-ounce bottle cucumber soda water

Ice

Cucumber slices to garnish

DIRECTIONS:

Combine gin and soda water over ice in a large glass.

Garnish with fresh cucumber slices.

WELL, I FINALLY LEARNED WHAT RALPH DOES ALL DAY.

Here's an empty snow globe.
Draw within it the place you wish you were
during Monday morning staff meeting.

THERE'S Always ONE PERSON in the meeting WHO CAN'T FIGURE OUT THE Mute BUTTON.

HAPPY HOUR GONE WRONG

_____! I can't believe this is happening! It's five p.m. on a
(Exclamation)

Friday and my _____ boss just scheduled a last-minute
(adjective)

_____ meeting. He knows how much I look forward to ending
(adjective)

each workweek with an order of _____ at _____
(appetizers) (chain restaurant)

happy hour. He's out to get me! The other day _____ told
(female name)

me she saw him _____ my name off the monthly progress
(verb ending in -ing)

report. I dare him to try and _____ me. I was _____ of the
(verb) (noun)

month three months in a row! I'm gonna give him a piece of my

_____. . . right after these _____ arrive.
(noun) (appetizers)

NO, JANET, THIS IS A DIFFERENT SHIRT WITH A SIMILAR-LOOKING STAIN!

Draw the floor plan for your dream home office. Make it as outlandish as you'd like!

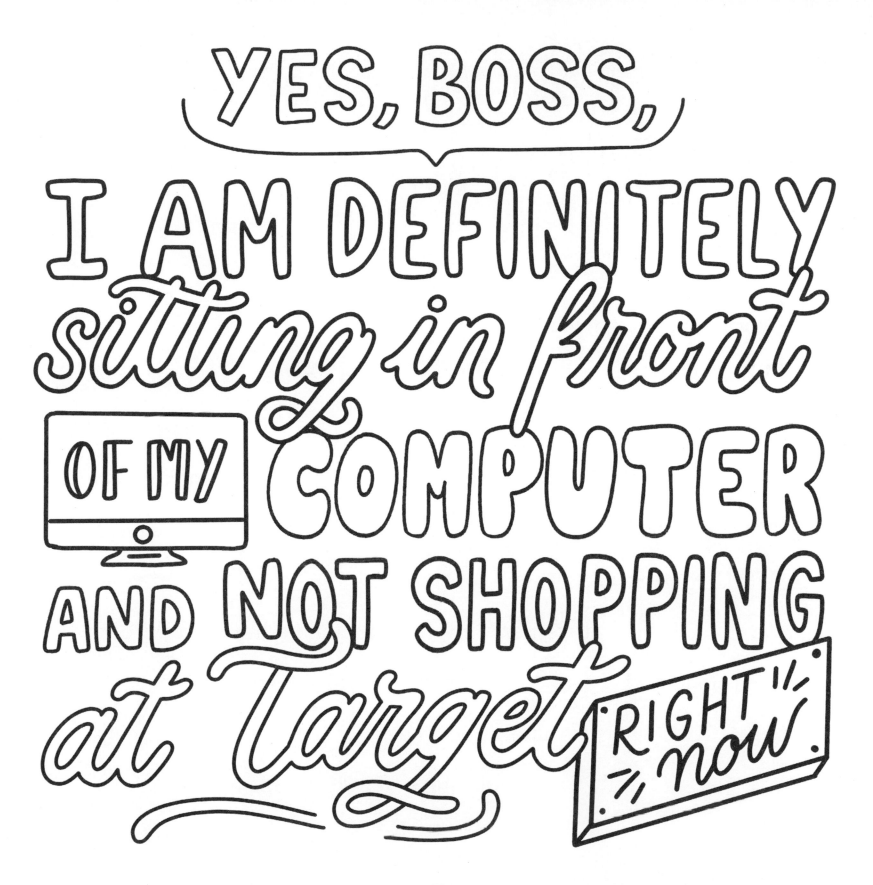

MY BEST ATTEMPT AT STARTING AN ETSY SHOP

E-commerce has never been my strongest _____. But with the
(noun   )

amount of _____ I do all day, I needed a good _____ to keep
(verb ending in -ing)   (noun   )

me _____. My idea? Selling _____ _____! With one easy
(adjective   )   (adjective) (noun, plural)

_____ the whole collection can be yours. How did I make these
(verb   )

_____ creations, you ask? I started by _____ a couple of
(adjective)   (verb ending in -ing)

_____ together. Then I took some _____ yarn and glued
(noun, plural)   (adjective)

the _____ together! Simple as that. One-hundred percent
(noun, plural   )

handmade and _____. Honestly, I think I was _____
(adjective)   (verb, past tense)

to do this. Now I just have to get the _____ out to family and
(noun   )

_____! If only they would start taking my calls again . . .
(noun, plural)

IT STARTED AS A WORK-FROM-HOME HOBBY, BUT NOW I'M BASICALLY A HOMESTEADER.

How many new words or phrases can you make using the letters of
COMMUTES ARE FOR THE BIRDS?

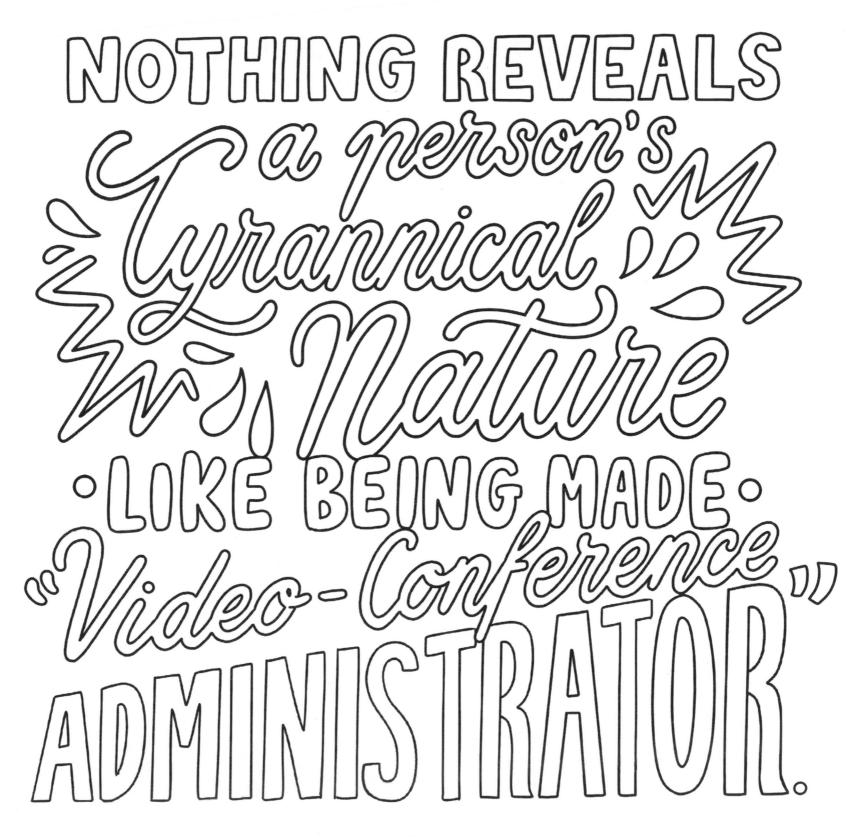

NOTHING REVEALS a person's Tyrannical Nature ·LIKE BEING MADE· "Video-Conference" ADMINISTRATOR.

DOG BREEDS THAT MAKE THE BEST ROOMMATES

```
G F A P L V U F Q N H J B V R G S D T M S D J L C
B O W K A O B M W B E A J H I N R W R A C I A Z A
R V L W T B N O U A U V Z R M E Y O Q P B W I R V
I M C D P A M N X U K T C D H T B A W B O I B K A
T X B A E O P B R E B Y N P M E A G F H R S N P L
B Y Z M S N C E V T R V E A V E B E R N D F J O I
E S T Y U I R O P B V H C S Y P T W Y I E D H N E
R K B Q W U R E B D S A Z O B T E S L P R B T M R
N S J O A V R N T N M D Y N E W B P D W C D N X K
E Q A Y V U R S A R K P J H T G R E Y H O U N D I
S B C U I D B I M S I T X S G I Y B H T L M B Y N
E T K W H A L E T B R E N K J R A Y T H L K A I G
M V R T B A I K H G S I V U R W B V T B I R H L C
O C U I R W V E H K U P R E Y T J W U N E N Y T H
U K S T B J O S R C N Z M V R S I B Y B E D J S A
N P S O E V B J P O A T E W O U N C R T K T B N R
T U E D T W Y M S P B N J O X W R G V W C P N M L
A Y L W Y E R U A W N B V W R N L K G T S N V O E
I C L G H L R E V E I R T E R R O D A R B A L K S
N B T I U W T Y R M N C J A E V S T B V R P N H S
D W E R V F K G H E A I V R B C Y W T M E N W U P
O A R Y T J A V T S R B V E R J G K M B I D G B A
G F R P V Y S P M D G H B W A E I R B A T B R U N
T B I R I U V T A M B F T R E O R M E N B A R G I
S G E T N P X Y E I A B C M P R S T B A E N G K E
P Y R M N X Z B W V I N Y E T V A Y T K T J T N L
A R E G H G O L D E N D O O D L E J R S B D J K T
W A O I B Y Q W S T P W M V O A P G H F I T A S M
T S A E H J I Y N M Y E I K L R S B T E W N H N J
X R N E W F O U N D L A N D A O H J S Y T S T C E
```

- Golden retriever
- Labrador retriever
- Australian shepherd
- Greyhound
- Goldendoodle
- Jack Russell terrier
- Cavalier King Charles spaniel
- Newfoundland
- Great Dane
- Bernese mountain dog
- Border collie
- Boxer

MY HOUSE WAS ONCE MY SAFE SPACE...

MY BOSS IS REOPENING THE OFFICE?!

I could literally _____ a kitten! After all this time of _____
                     (verb)   (verb ending in -ing)

in the comfort of my own home, Mr./Ms. _____ emails us like
                                        (last name)

a _____ to share that the _____ office opens on Monday!
  (noun)   (adjective)

This is going to really _____ my mental health. I mean, that's only
                        (verb)

_____ hours' notice before I have to _____ myself to sleep
(number)   (verb)

and then make myself _____ in the morning. What am I even
                     (adjective)

going to wear? I've already gotten rid of all my khakis!

UTTERLY exhausted FROM Over-emoting ON VIDEO CALLS.

Draw the superhero
alter-ego you turn into when
you leave the office.

I USED TO PROCRASTINATE FOLDING MY LAUNDRY. NOW I FOLD LAUNDRY TO PROCRASTINATE!

Mani/Pedi Potion (Paloma)

YOU'LL NEED

2 ounces tequila

1 ounce grapefruit juice

5 ounces lime juice

1/2 ounce simple syrup

DIRECTIONS:

Mix ingredients in a fancy glass and enjoy while
you're getting a mani/pedi.

Let this certificate recognize that

....

has officially been deemed

HOTTEST in the Home office

Signed:

Signed:

It's 5 o'clock somewhere!